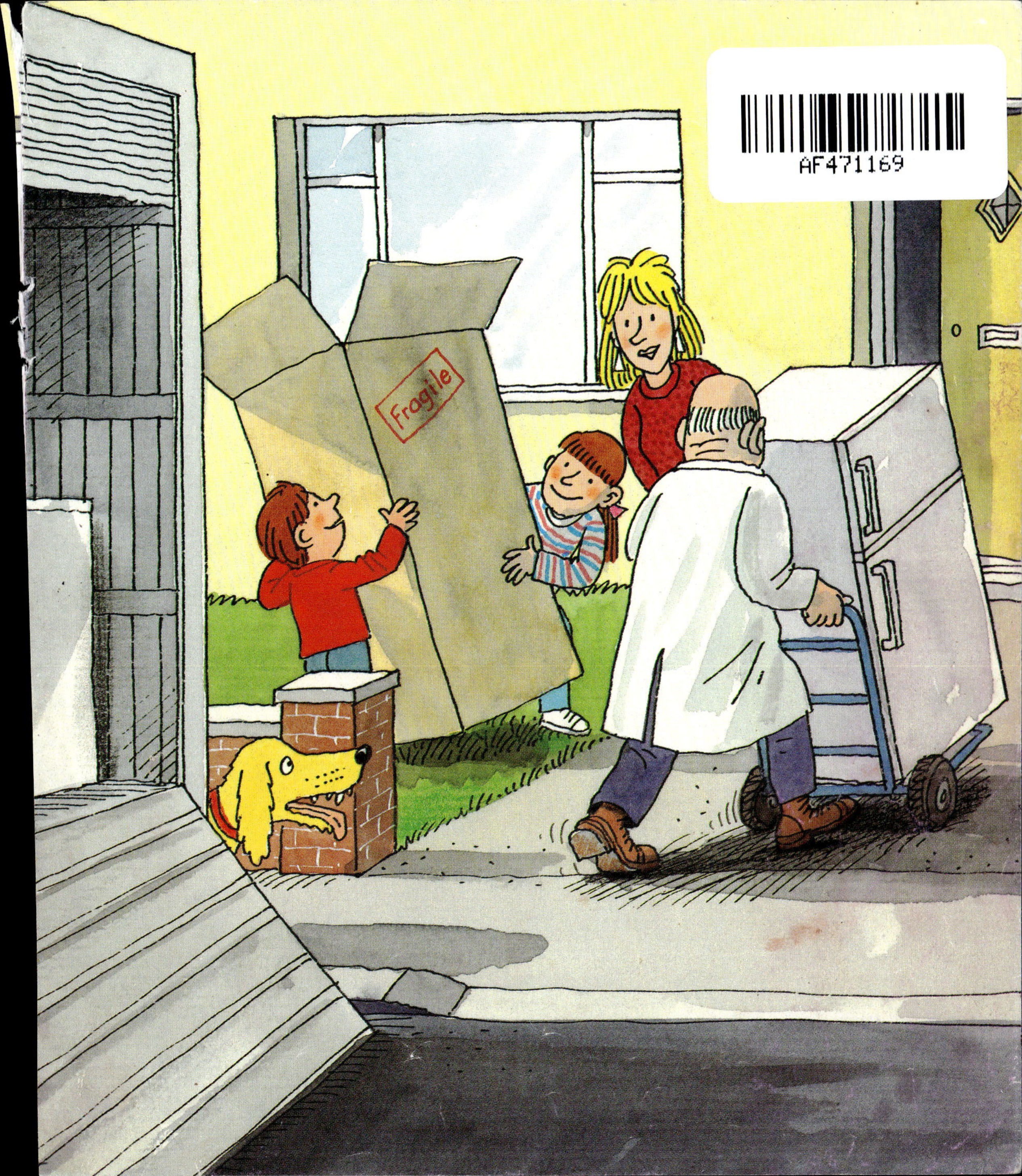
Fragile
AF471169

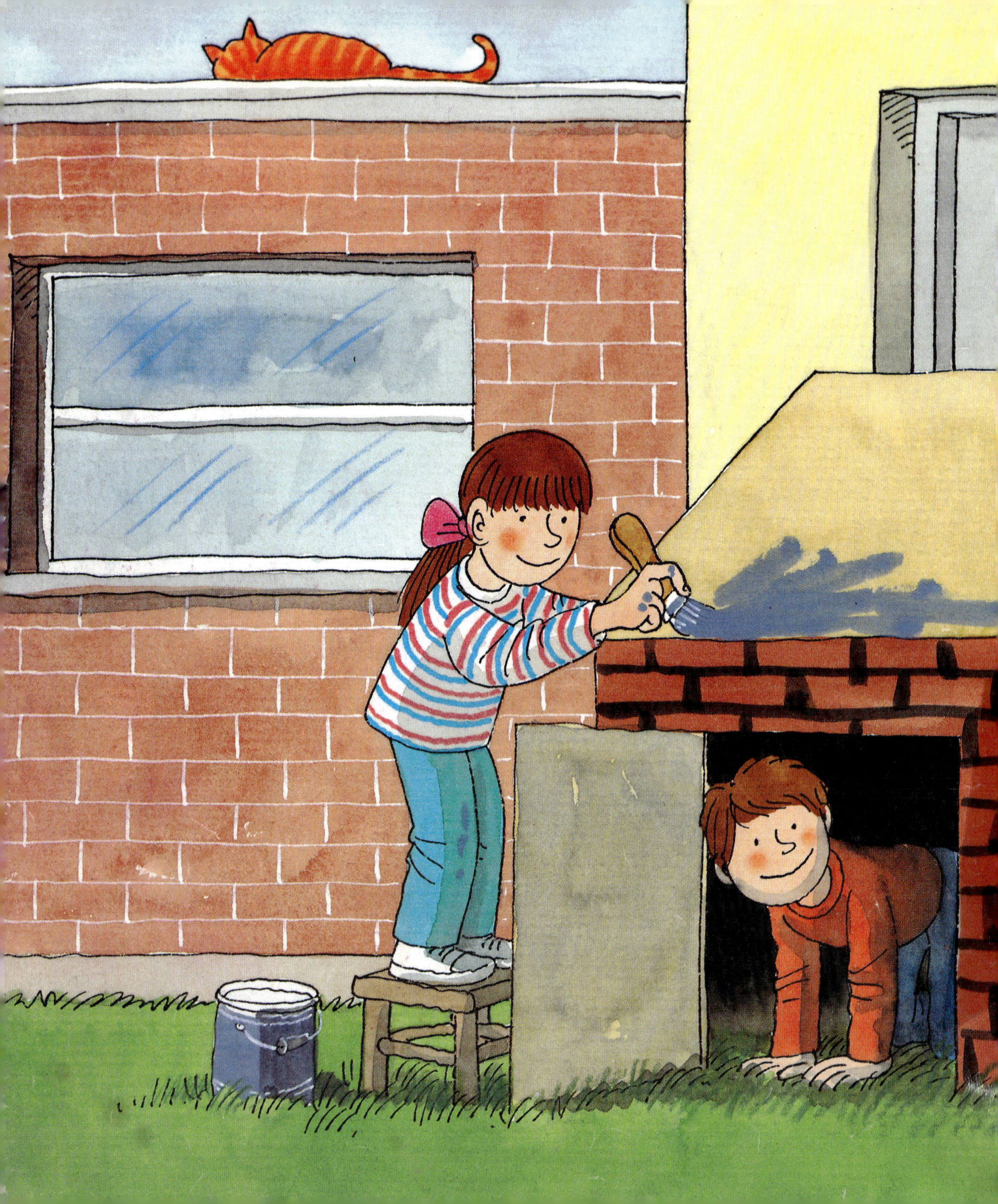

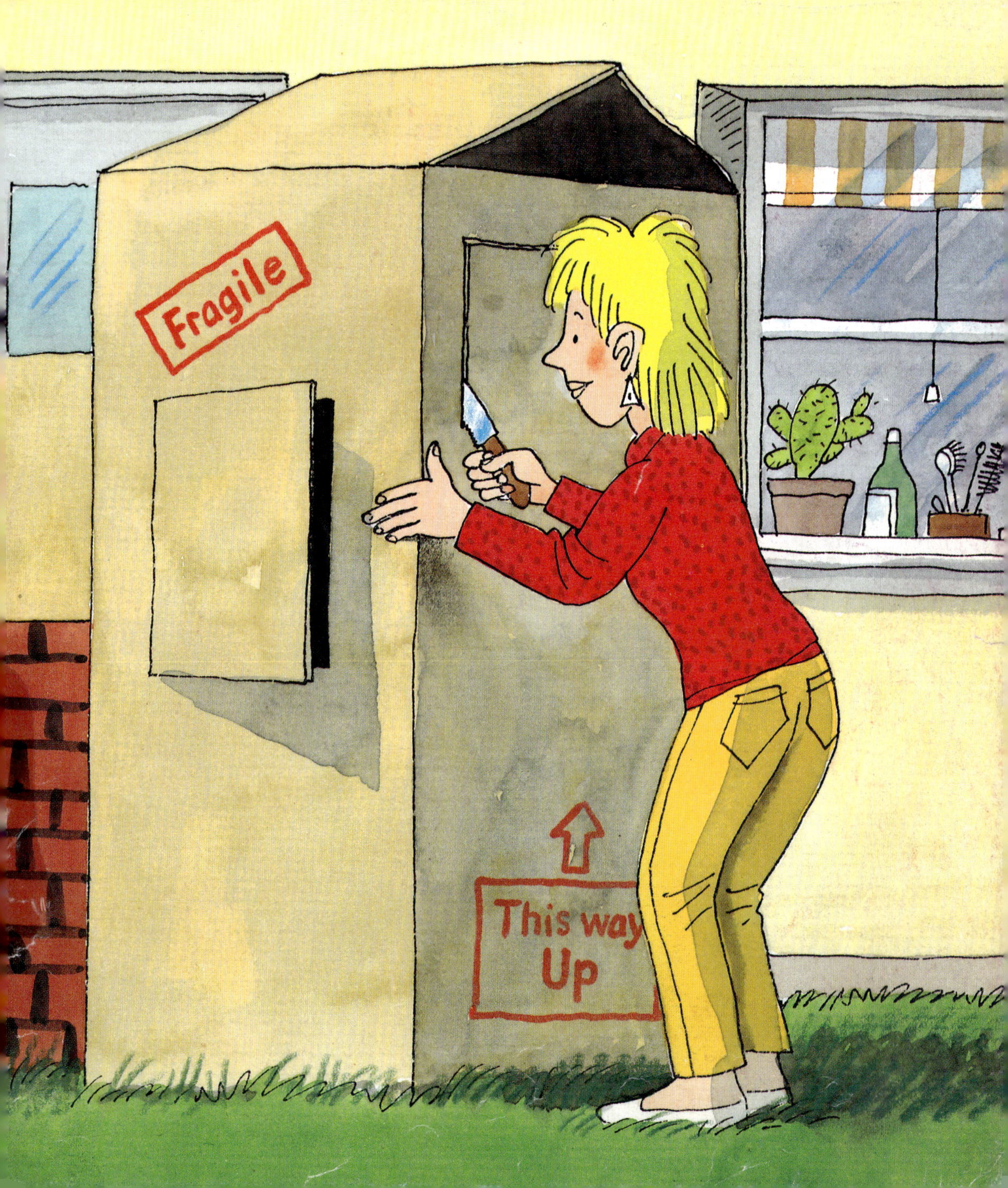
Fragile
This way
Up

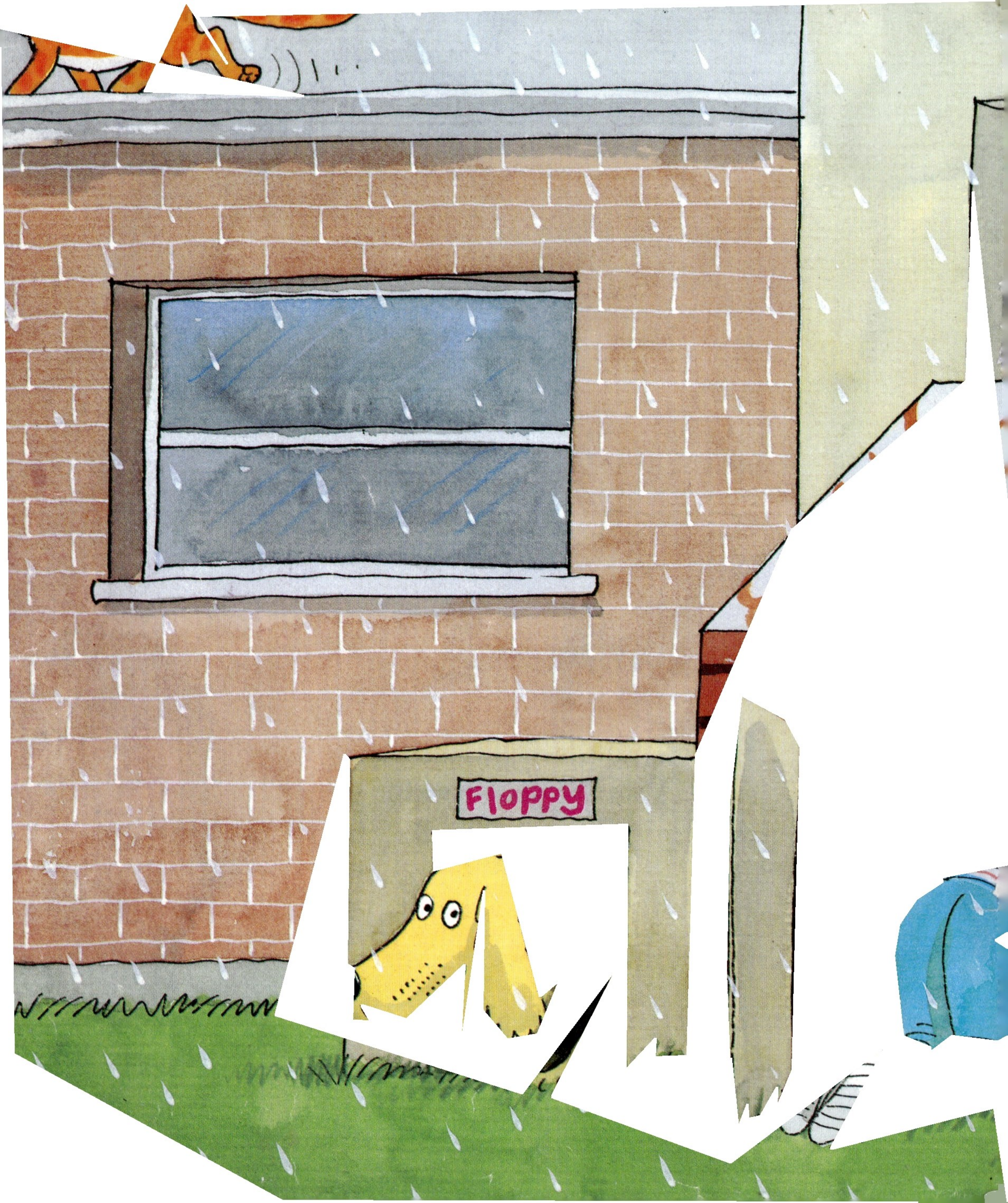

FLOPPY

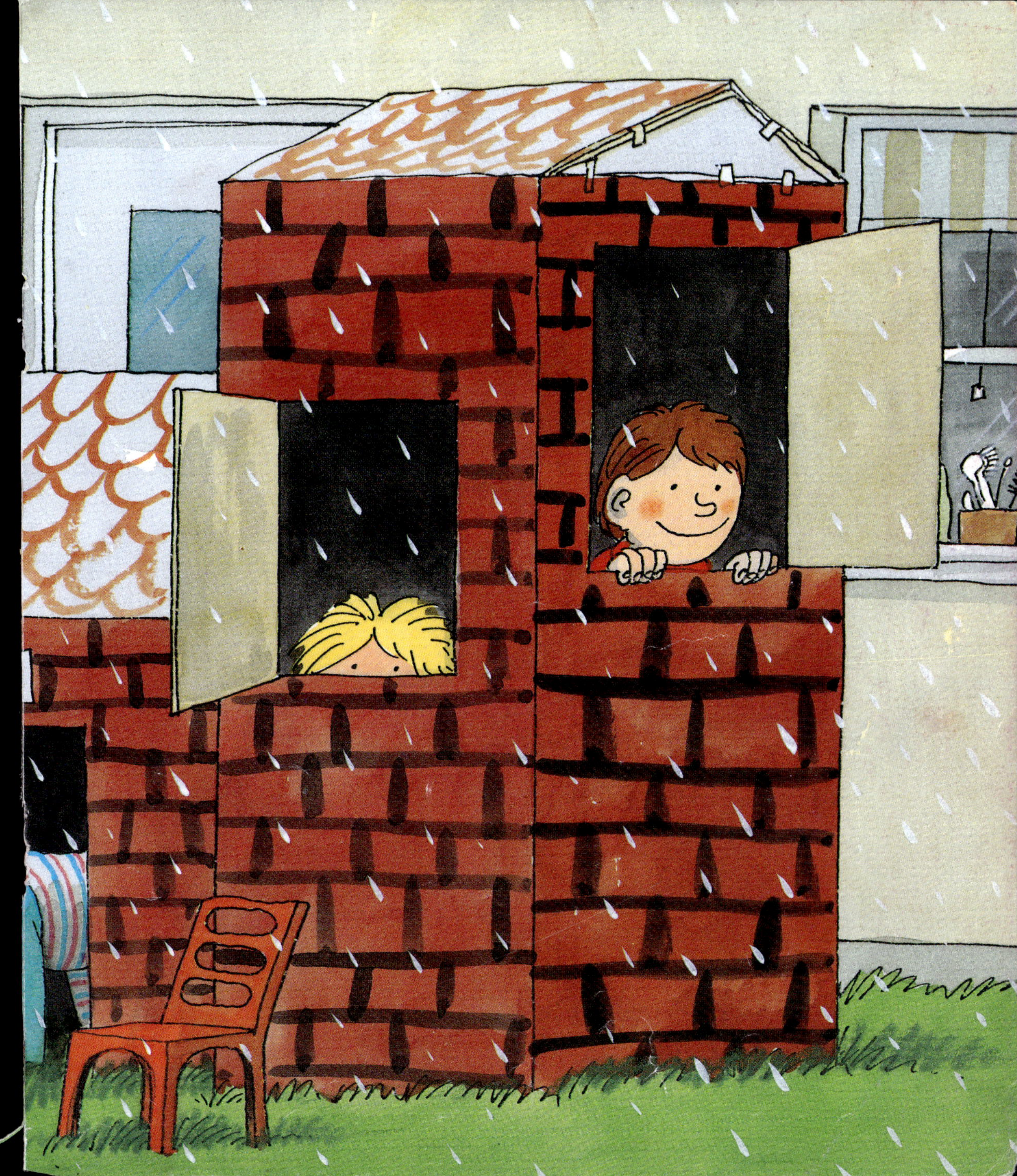

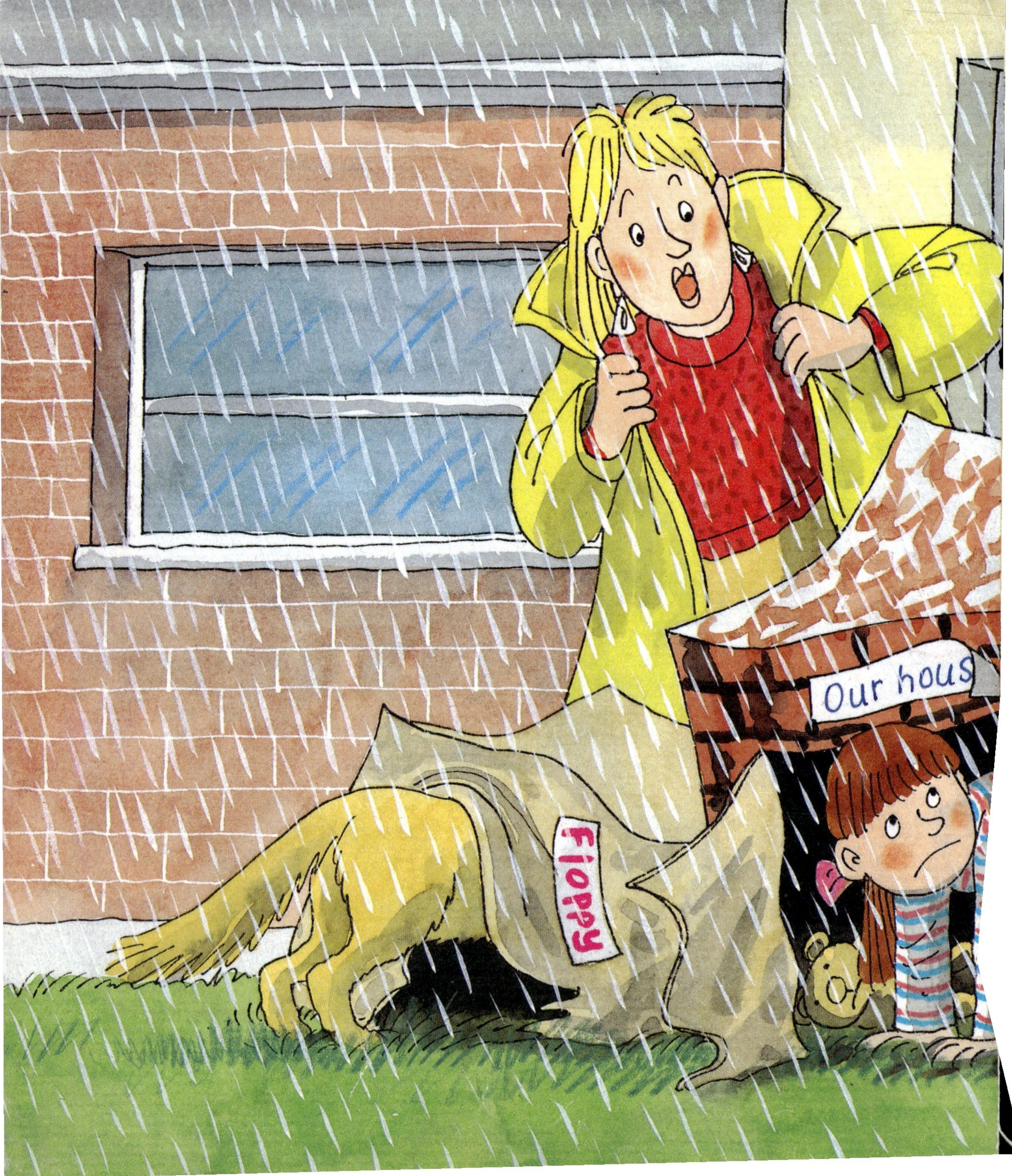

Our hous
Floppy

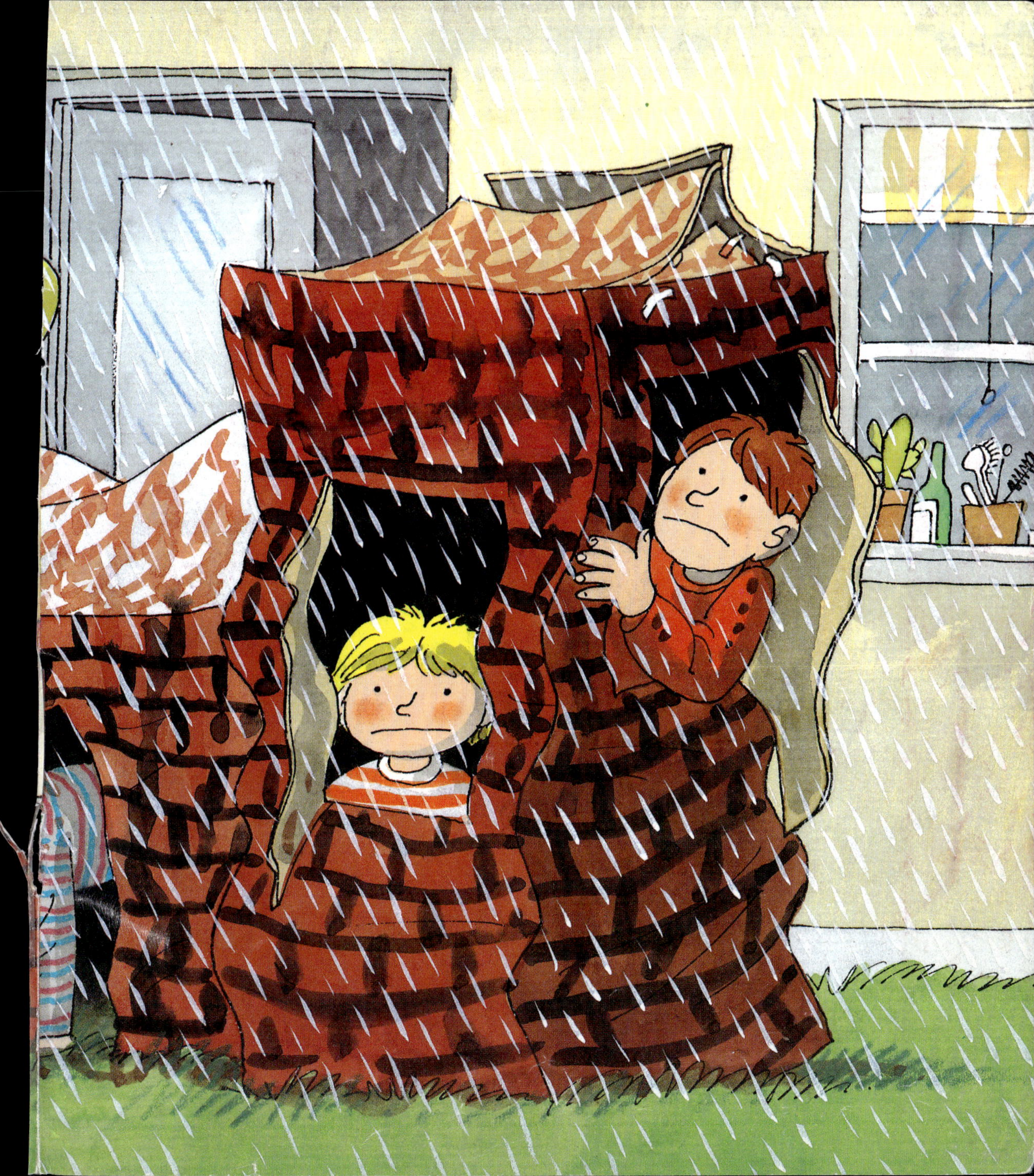

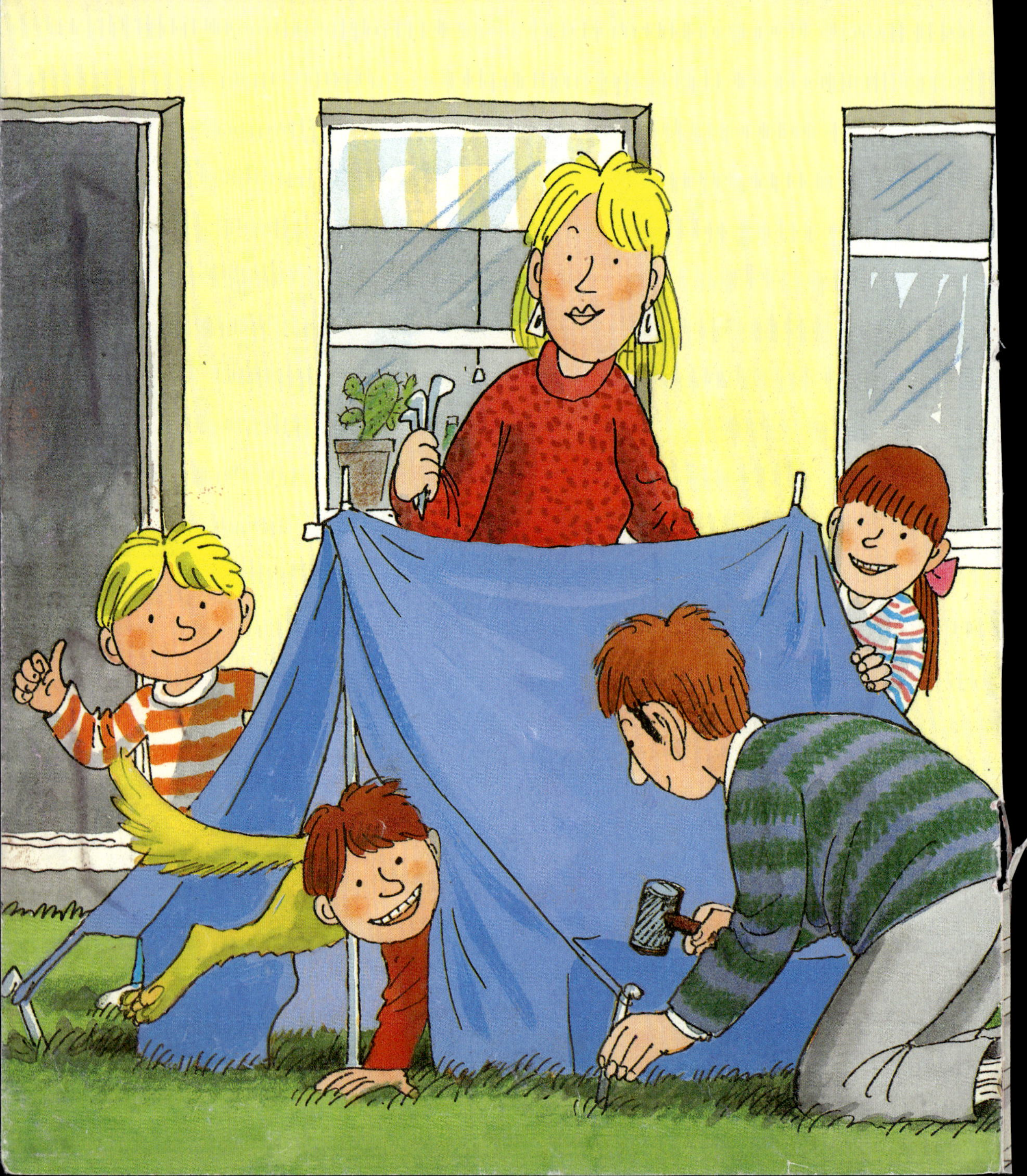